Todo lo que sé de ti

Todo lo que sé de ti

¿Nos conocemos realmente bien?

Finalmente tiene entre sus manos un libro que reúne toda la información y conocimiento que sé sobre ti. Un trabajo exhaustivo y largo que he recogido en este libro. Un escrito único que le ayudará y que le servirá, sin duda alguna, a tener esta valiosa información en tu poder.

Esta obra ha sido creada gracias a numerosos años de anotaciones y apuntes que hacen de este, un preciado regalo. Esto hará que esa persona sepa cuanto sabes.

Todo lo que sé de ti

Todo lo que sé de ti

Todo lo que sé de ti

Todo lo que sé de ti

Todo lo que sé de ti

Todo lo que sé de ti

Todo lo que sé de ti

Todo lo que sé de ti

Todo lo que sé de ti

Todo lo que sé de ti

Todo lo que sé de ti

Todo lo que sé de ti

Todo lo que sé de ti

Todo lo que sé de ti

Todo lo que sé de ti

Todo lo que sé de ti

Todo lo que sé de ti

Todo lo que sé de ti

Todo lo que sé de ti

Todo lo que sé de ti

Todo lo que sé de ti

Todo lo que sé de ti

Todo lo que sé de ti

Todo lo que sé de ti

Todo lo que sé de ti

Todo lo que sé de ti

Todo lo que sé de ti

Todo lo que sé de ti

Todo lo que sé de ti

Todo lo que sé de ti

Todo lo que sé de ti

Todo lo que sé de ti

Todo lo que sé de ti

Todo lo que sé de ti

Todo lo que sé de ti

Todo lo que sé de ti

Todo lo que sé de ti

Todo lo que sé de ti

Todo lo que sé de ti

Todo lo que sé de ti

Todo lo que sé de ti

Todo lo que sé de ti

Todo lo que sé de ti

Todo lo que sé de ti

Todo lo que sé de ti

Todo lo que sé de ti

Todo lo que sé de ti

Todo lo que sé de ti

Todo lo que sé de ti

Todo lo que sé de ti

Todo lo que sé de ti

Todo lo que sé de ti

Todo lo que sé de ti

Todo lo que sé de ti

Todo lo que sé de ti

Todo lo que sé de ti

Todo lo que sé de ti

Todo lo que sé de ti

Todo lo que sé de ti

Todo lo que sé de ti

Todo lo que sé de ti

Todo lo que sé de ti

Todo lo que sé de ti

Todo lo que sé de ti

Todo lo que sé de ti

Todo lo que sé de ti

Todo lo que sé de ti

Todo lo que sé de ti

Todo lo que sé de ti

Todo lo que sé de ti

Todo lo que sé de ti

Todo lo que sé de ti

Todo lo que sé de ti

Todo lo que sé de ti

Todo lo que sé de ti

Todo lo que sé de ti

Todo lo que sé de ti

Todo lo que sé de ti

Todo lo que sé de ti

Todo lo que sé de ti

Todo lo que sé de ti

Todo lo que sé de ti

Todo lo que sé de ti

Todo lo que sé de ti

Todo lo que sé de ti

Todo lo que sé de ti

Todo lo que sé de ti

Todo lo que sé de ti

www.ingramcontent.com/pod-product-compliance
Ingram Content Group UK Ltd.
Pitfield, Milton Keynes, MK11 3LW, UK
UKHW020414250726
13967UKWH00007B/2640

9 781716 213359